Victoria Rose of
Holly Pond Hill™
By Susan Wheeler

Holly Pond Hill

zum Geburtstag

mit Illustrationen
von Susan Wheeler

Wunderhaus

SURPRISE!
Dieses Buch gehört

Inhalt

Der Tag der Geburt

Geburtstagsgeschichten

Rezepte zum Geburtstag

Bastelei

Geburtstagsspiele

Der Tag der Geburt

Der wichtigste Tag des Lebens

Heute war ein besonderer Tag! Wünsche gingen in Erfüllung, alle waren lieb, auf dem Tisch stand das Lieblingsessen, gute Laune erfüllte die Luft – so war dieser Tag. Viele Freunde wurden zu einer Party erwartet, überall hingen bunte Luftballons, der Tisch war schon gedeckt. Und alle Gäste würden Geschenke mitbringen.

Ja, heute war alles ganz besonders – aber warum?

Weil das kleine Hasenmädchen Violetta Boxwood ihren 4. Geburtstag feierte. Sie war heute die kleine Königin, alle ehrten sie und erlaubten alles, was sonst verboten war.

Violetta kam zu ihrer Mutter Victoria Rose und fragte besorgt:

„Mama, sag mal, warum darf ich nur heute alles? Vielleicht machen wir es so, dass ich jeden Tag Geburtstag habe? O Mami, das wäre schön!“ Sie lachte und tanzte dabei im Kreis.

Aber Victoria Rose erklärte:

„Nein, mein Liebling, das geht leider nur einmal im Jahr, und zwar für alle von uns.“

„Aber Mama, was ist eigentlich Geburtstag?“, wollte Violetta wissen.

„Der Geburtstag ist der Tag deiner Geburt. Der wichtigste Tag deines Lebens! Wir feiern, dass so eine hübsche kleine Häsin zu uns auf die Welt gekommen ist. Genau so besonders und einzigartig, wie du bist.

Als du zur Welt kamst, warst du noch null Jahre alt. Wenn alle Jahreszeiten vergehen, bedeutet es, dass auch ein Jahr vergangen ist.

Und genau so wurdest auch du ein Jahr alt. Das bleibt dein Leben lang so. An jedem Geburtstag wird man immer ein Jahr älter. Und am 18. Geburtstag verwandelst du dich in eine Erwachsene.“

Vater Dr. Edmund Boxwood hörte dieses Gespräch und wollte auch etwas dazu erzählen: „Deine Mama bekam einmal einen kleinen Bauch, dann fing er an zu wachsen. Warum? Weil du dort drin saßt. Zuerst warst du winzig klein, kleiner als ein Floh. Dann größer. Dann noch größer. Und Mamas Bauch wuchs auch mit dir zusammen. Am Ende war deine Mama so rund wie ein Ball! Das sah lustig aus!“

Victoria Rose rollte mit den Augen, aber Dr. Boxwood lachte nur und erzählte weiter.

„Bald wolltest du nicht mehr im Bauch sitzen. Es ist schließlich ganz langweilig dort. Also musstest du raus, in die große Welt. Als du geboren wurdest, nannten wir dich Violetta. Weißt du, warum?“

Violetta schüttelte den Kopf.

„Weil du im Frühjahr geboren bist. Dein Name bedeutet Frühling, Hoffnung, Treue und Liebe. Und er bedeutet auch Veilchen – die Lieblingsblume deiner Mutter.“

Victoria Rose lächelte und hörte auf zu schmollen. Sie war nämlich ein wenig beleidigt, als Dr. Edmund sie rund genannt hatte, obwohl es die reine Wahrheit war. Sie zeigte Violetta das kleine Bild aus dem Krankenhaus, in dem sie geboren wurde.

„Ach, es ist aber trotzdem schade, dass es den Geburtstag nur einmal im Jahr gibt“, tönte Violetta.

„Ja, aber es hat auch sein Gutes!“, widersprach Victoria Rose.

„Wieso denn?“

„Weil nur deshalb dieser Tag so besonders ist. Du wartest das ganze Jahr darauf. Nur vergiss nicht das Datum! Für Geburtstage sind die Daten sehr wichtig. Hast du das Datum vergessen, wird der Geburtstag verloren gehen.“

„O Mami, ich möchte nicht meinen Geburtstag verlieren!“

„Keine Sorge“, beruhigte sie Mama Boxwood. „Wenn du auf die Welt kommst, bekommst du auch dein erstes Dokument. Das ist ein Text über dich auf einem Papier aufgeschrieben. Dieses Papier nennt sich ‚Geburtsurkunde‘. Da stehen dein Geburtsdatum und dein Name drin. So verwechselt dich keiner mit einer anderen Häsin. Also, keine Sorge, du verlierst deinen Geburtstag auf keinen Fall!“

Violetta hatte schnell ihren Kummer vergessen. Sie rannte zu ihren Geschwistern, um herauszufinden, wann sie genau geboren wurden und ob sie wissen, was ihre Namen bedeuten. Dabei waren nur das Stampfen ihrer Pfoten und ihr freudiges Lachen zu hören. Der Geburtstag fing gerade erst an und die besten Dinge standen ihr noch bevor!

Wisst ihr, an welchem Tag euer Geburtstag ist? Und die Uhrzeit, wann ihr geboren wurdet? Ihr könnt immer eure Eltern fragen. Und auch, warum sie euch so genannt haben und was eure Namen bedeuten. Los, fragt!

Chez Suzette
RIVER SIDE
Cafe & Bistro

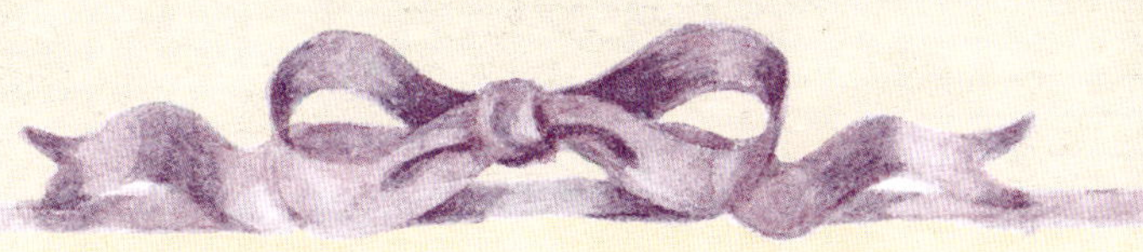

Geburtstagszubehör

Dekorieren

Geburtstagstorte oder Geburtstagskuchen

Geburtstagskrone

Süßigkeiten

Kerzen

Karten

Geburtstagslied und Glückwünsche

Geburtstagsfeier mit Familie oder Freunden

Luftballons

Geschenke

Bräuche

Juhu! Es ist endlich Geburtstag! Aber was macht man eigentlich an diesem besonderen Tag? Zu jedem Geburtstag gehören Traditionen. Zum Beispiel:

Eine Torte mit so viel Kerzen darauf, wie man alt geworden ist.
Die Kerzen müssen in einem Atemzug ausgeblasen werden, dann darf sich das Geburtstagskind etwas wünschen. Jedoch ohne es auszusprechen, sonst geht der Wunsch nicht in Erfüllung.

Nicht vor dem Geburtstag gratulieren. Das bringt Unglück.

Das Geburtstagskind bekommt Glückwünsche und Geschenke.

Dem Geburtstagskind ein Geburtstagslied vorsingen.

Eine Geburtstagskarte verschicken.

Es gibt viele verschiedene Bräuche, den Tag der Geburt zu feiern. An einem Ende der Welt wird dem Geburtstagskind an den Ohren gezogen – einmal für jedes Lebensjahr. Wenn ihr erst sieben seid, ist es ja in Ordnung. Aber wie wäre es mit jemandem, der siebzig wird? Er würde bestimmt ganz rote Ohren bekommen!

Am anderen Ende werden Geburtstagskinder mit Mehl bestäubt oder deren Nase mit Butter beschmiert. Einige feiern sogar ihren Geburtstag gar nicht an dem Geburtstag, sondern an Silvester.

Im weiten Land Australien und auch in der geheimen Welt von Holly Pond Hill gibt es eine süße Tradition: Feenbrot am Geburtstag zu verspeisen. Ein Rezept dazu findet ihr auf der Seite 50. Bei Familie Boxwood ist die Herstellung des Feenbrots die Aufgabe des Hasenvaters Dr. Edmund. Er macht es aber sehr gerne und bereitet allen damit ein großes Vergnügen.

Zu jedem Boxwood-Kindergeburtstag hört man ihn aus seinem Zimmer einen Reim aufsagen. Er spricht ihn ganz langsam, mit einer tiefen, lauten Stimme. Das bedeutet: Es gibt etwas Süßes zu essen und das sogar noch vor dem Frühstück!

Wollt ihr es auch probieren? Der Reim geht so:

Ihr Staubfüße sollt euch raschen!
Hier gibt es Feenbrot zu naschen.

Ja, hier, in meinem Ruheraum,
Kinder, mögt ihr speisen,
Im Schatten von dem Kieferbaum,
Bei den Ginstern leisen.

Das Essen habt ihr nun verspeist,
Jetzt wird ins Märchenland gereist.

Sternzeichen

Sternzeichen nennt man auch Tierzeichen. Das sind zwölf Phasen des Jahres, die jeden Monat wechseln. Einige glauben, dass diese Zeichen Charaktereigenschaften des Menschen widerspiegeln. Das nennt man Astrologie.

Es gibt 12 Sternzeichen, sie werden in vier Gruppen eingeteilt:
Luftzeichen, Erdzeichen, Feuerzeichen und Wasserzeichen.
Das astrologische Jahr fäng Ende März mit dem Zeichen Widder an.

Widder  *Stier*  *Zwillinge*  *Krebs*

Löwe  *Jungfrau*  *Waage*  *Skorpion*

Schütze  *Steinbock*  *Wassermann*  *Fische*

Es gibt auch andere Zeichen: die Chinesischen Tierkreiszeichen. Sie sind nicht vom Monat, sondern vom Geburtsjahr abhängig. Es sind auch insgesamt zwölf Symbole. Der chinesische Kalender wiederholt sich alle zwölf Jahre. Jedes Symbol hat seine Bedeutung.

*Ratte – Weisheit • Büffel – Fleiß • Tiger – Mut • Hase – Vorsicht
Drache – Stärke • Schlange – Flexibilität • Pferd – Vorausplanung
Ziege – Einheit • Affe – Anpassungsfähigkeit • Hahn – Konstanz
Hund – Treue • Schwein – Liebenswürdigkeit*

Die Hasenkinder Emily und Oliver wollen wissen, unter welchem Stern- und Tierkreiszeichen ihre kleine Schwester Violetta geboren ist.

„Sieh mal, Emily, ich hab es gewusst! Violetta ist im Jahr des Hasen geboren! Sie ist ein richtiger Hase! Das heißt, sie wird immer vorsichtig sein“, freut sich Oliver.

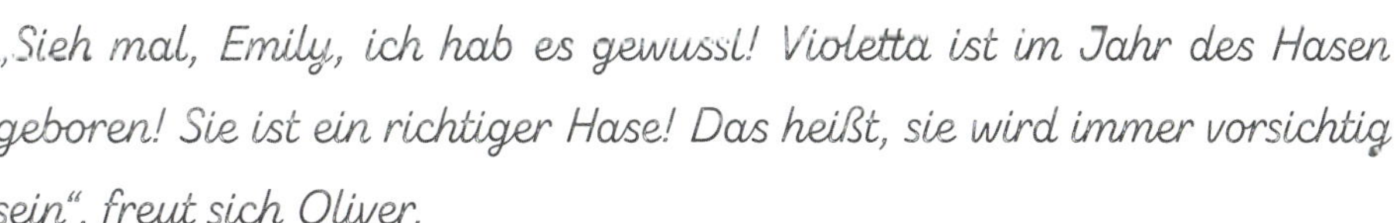

„Und ich habe herausgefunden, unter welchem Sternzeichen sie geboren ist. Sie ist ein Stier“, teilt Emily mit.

„Stier?“, wundert sich Oliver. „Sie sieht ja gar nicht wie ein Stier aus, eher doch wie ein Hase ...“

„Nein, du, Dummerchen, sie wird einen Stiercharakter haben. Das heißt, sie wird praktisch und zuverlässig sein.“

„Ach so!“ Oliver nickt. „Verstehe. Das passt ja auch zu einem Hasen sehr gut.“

Und, was denkt ihr, haben Sterne eine Bedeutung oder sind es einfach bloß Sterne? Und was seid ihr für ein Sternzeichen?

CREAM

Worte der Freude

Wenn man eine Geburtstagskarte schreibt, sollten die Worte von Herzen kommen. Denkt darüber nach, was das Geburtstagskind so besonders macht. Was verbindet euch beide? Was macht ihr zusammen am liebsten? Und nachdem man die guten Seiten des Geburtstagskindes gelobt hat, kann man auch noch Glück, Gesundheit, gute Laune, Erfolg und viele Freunde wünschen. Oder ihr könnt euch ein kleines Gedicht ausdenken.

Eine Geburtstagseinladung sollte aber eher kurz sein. Man schreibt ja eine ganze Menge von diesen Einladungen! Wichtig ist nur:

- *Wer wird eingeladen? Warum wird er/sie eingeladen? Wer lädt ein?*
- *Wann findet die Feier statt? Wo soll man hin?*
- *Was erwartet euch bei der Feier?*

Die Häsin Emily Boxwood hat zum Beispiel ihrem besten Freund Sammy, dem Mäuserich, solch eine Einladung geschrieben:

Mein lieber Freund Sammy,
ich feiere meinen 9. Geburtstag und lade dich herzlich dazu ein!
WANN: An meinem Geburtstag, du weißt schon
VON: 12 Uhr BIS: 18 Uhr
WO: Auf meiner Lieblingslichtung im Südwald
Ich freue mich, wenn du kommst und jede Menge gute Laune mitbringst.
Bitte gib mir Bescheid, ob du kommen kannst.
TELEFON: Meine Nummer kennst du.

Deine Emily Boxwood

Kreative Party-Ideen

1. DEKORIEREN

Jeder Ort sieht viel feierlicher aus, wenn man ihn dekoriert.
Ob draußen oder drinnen, der Geburtstag wird immer in Erinnerung bleiben, wenn man den Raum besonders schön dekoriert.

2. LUFTBALLONS

Mit Helium oder ohne, aus Folie oder Gummi, Luftballons bringen immer zusätzliche Freude. Aus langen Luftballons kann man Figuren zusammendrehen.
Oder man kann auch etwas Schönes darin verstecken, zum Beispiel Gummibärchen oder Bonbons. Solche Überraschungsballons werden am Ende der Feier an die Gäste verteilt. Dann sticht jeder in seinen Ballon hinein und bekommt eine kleine Überraschung.

3. COLLAGE

Man kann eine Collage aus witzigen Bildern von dem Geburtstagskind herstellen.

4. GESCHENKLISTE

Man wünscht sich so vieles zum Geburtstag! Um nichts zu vergessen, kann man alle Wünsche auf ein Blatt zeichnen.

5. FOTOSHOOTING

Aber es muss besonders sein. Zum Beispiel Elternkleider oder Faschingskleider anziehen, so fotografiert werden und dann noch verkleidet zusammen spielen.

6. Zusammen **BASTELN** oder **BACKEN**

Man kann auch eine Bastelecke organisieren.

7. SCHATZSUCHE, SCHNITZELJAGD oder **QUEST**

Nur das Zubehör nicht vergessen! Eine Karte, einen Kompass, Medaillen, „Schätze“ usw. Idealerweise sollen fünf Rätsel gelöst und fünf Aufgaben erledigt werden.

8. ZEITKAPSEL

Man erstellt eine Zeitkapsel. Darin können Zeichnungen, kleine Geschenke oder sogar ein Brief an sich selbst sein. Diese Kapsel wird vergraben, es wird eine Karte gezeichnet und die Kapsel an dem nächsten Geburtstag wieder ausgegraben.

9. MOTTO-PARTY

Alle sollen sich zu einem Thema verkleiden. Zum Beispiel Piraten, Meerjungfrauen und Meermänner, Waldtiere oder Märchenhelden. Oder alle sollen nur weiße Kleidung oder besondere Geburtstagshüte tragen.

10. PICKNICK

Wenn der Geburtstag in einer warmen Jahreszeit ist, kann man schön an der frischen Luft zusammen picknicken.

11. GESICHTER BEMALEN

12. MEMORY-ALBUM oder **GÄSTEBUCH**

Alle zeichnen oder schreiben etwas in das Memory-Heft.

13. SEIFENBLASENPARTY

14. KREATIVE EINLADUNGEN

Am besten gestaltet man sie selbst

15. KLEINE GESCHENKE AM ENDE DER FEIER

Für die Gäste ist es eine besondere Freude, wenn nicht nur das Geburstagskind Geschenke bekommt, sondern auch sie selbst am Ende der Feier eine kleine Überraschung erhalten.

Geburtstagsgeschichten

Es ist nie zu spät, pünktlich zu sein

DER KLEINE Mäuserich Sammy war verzweifelt. Heute früh, als er noch im Bett lag, hatte er eigentlich ganz gute Laune gehabt. Sein Bruder war gerade nach Hause gekommen. Als eine sehr sportliche Maus ging er immer früh joggen.

„Hallo, Sammy! Warum schläfst du an so einem wunderschönen Morgen? So wirst du den ganzen Tag verschlafen!“, weckte er Sammy mit lauter Stimme.

‚Verschlafen? Ich verschlafe nie, ich bin immerhin die pünktlichste Maus von Holly Pond Hill‘, dachte der kleine Mäuserich noch halb im Schlaf. Dabei war es so schön kuschelig im Bett. „Ja, noch eine Minute“, murmelte er und drehte sich auf die andere Seite.

„Sammy, du sollst endlich aufstehen! Du bist spät dran“, rief seine Mutter.

„Aber nur noch eine Minute!“, jammerte er und gähnte mit einem ganz weit aufgerissenen Mund – OHAH, sodass sein Schnurrbart flatterte. Er war doch immer auf die Minute pünktlich.

„Eine Minute ist schon eine Stunde her! Und weißt du, wie viele Minuten eine Stunde sind?“

Zu Mathe hatte Sammy so früh keine Lust. Noch weniger, als zum Aufstehen. Ehrlich gesagt, überhaupt keine. Also bedeckte er seinen Kopf mit dem Kissen.

„Sechzig!“, sagte die Mutter laut. Das Kissen hatte nicht wirklich geholfen.

Oh nein! Sammy wurde gleich wach.

„Ich kann dem Schlaf nicht wiederstehn
und kann so früh nicht aufstehn“,

neckte ihn sein Bruder schmunzelnd.

Aber heute war Kuchentag, an dem Sammys Mutter die schönsten Kuchen backen würde. Diesen Tag mochte er sogar mehr als seinen Geburtstag. Moment mal. Geburtstag! Er hatte fast den Geburtstag seiner besten Schulfreundin Emily Boxwood, des Hasenmädchens, verschlafen! Der Bus war schon weg! Was sollte er nur tun? Wie würde er nun rechtzeitig dahin kommen?

Aber seine gute Laune wollte er nicht verlieren.

„Ich schaffe das, kein Problem“, sagte er zu sich selbst und spreizte seinen Schnurrbart.

Ja, der kleine Mäuserich hatte tatsächlich recht. Man muss nur bei Laune bleiben und alles wird am Ende gut.

DIE BRÜCKE
IST ZU!
BITTE NUTZEN SIE DEN BUS

Blitzschnell bereitete er sich vor, nahm einen der frischgebackenen Schokokuchen mit, und flitzte los. Zum Glück kannte er die Abkürzung durch den Wald. Dann musste er nur noch den Fluss überqueren und SCHWUPS! wäre er schon da.

Als er sich aber der Brücke näherte, sah er ein Schild und darauf stand:

„Die Brücke ist gesperrt, bitte nutzen Sie den Bus."

O nein! Was nun?

„Aufgeben ist was für Angstmäuse!", beschloss Sammy. „Es gibt immer einen Weg."

Da nahm er einen Stock, warf ihn über den Fluss und tat so, als wäre er ein Seiltänzer. Das hätte wohl auch geklappt, wenn es kein Kuchentag gewesen wäre.

An so einem Kuchentag frühstückt man nämlich zu gut und wird davon viel zu schwer. Gerade als der Mäuserich auf dem Ast stand – KRACH! PACH! – brach er plötzlich in zwei Teile und die Zirkusmaus fiel in den Fluss – BLUBB.

Zum Glück war er noch nah am Ufer und konnte sich und den Kuchen retten.

„Brr! Ich bin klatschnass! Das ist ja zum Mäusemelken!", klagte er.

Aber er ließ sich nicht entmutigen und ging weiter den Fluss entlang, um nach einer engeren Stelle zu suchen. Doch wie es der Zufall wollte, wollte sich auch der Fluss nicht verengen, sondern wurde stattdessen immer breiter.

Die tapfere Maus kehrte dennoch nicht um, sie ging stur am Fluss entlang und probte die Geburtstagswünsche. Plötzlich war sie da: die Lösung! Eine Schildkrötenfähre. Bald war Sammy schon auf der anderen Seite.

„Ich wusste es doch! Man muss nur bei Laune bleiben und alles wird am Ende gut, ich komme immer noch rechtzeitig an“, freute er sich laut.

Bald fand der Mäuserich Emily Boxwood. Sie sonnte sich auf ihrer Lieblingslichtung. Aber eins war komisch – sie lag dort ganz allein, und keine Geschenke lagen um sie herum. Auch von ihren Freunden war keiner zu sehen. „Vielleicht bin ich sogar der Erste!“, dachte der Mäuserich stolz.

Er schätzte den Zeitpunkt, an dem sich Emily umdrehen würde und versteckte sich im Picknickkorb. Als die Häsin nichts ahnte, öffnete er plötzlich den Deckel und sang mit lauter piepsiger Stimme:

Zum Geburtstag wünsch ich Freude,
noch viel Spaß und nicht nur heute,
sondern jeden neuen Tag,
weil ich dich so gerne mag.
Pip-pip-hurra! Pip-pip-hurra!

Emily guckte überrascht und lächelte.

„Danke, lieber Sammy! Ich freue mich sehr! Aber weißt du was, mein Geburtstag war ehrlich gesagt … gestern …“

„Wie gestern?! Was, bin ich einen Tag zu spät dran?“

Sein Kinn begann zu zittern, in seinen Augen sammelten sich Tränen. Nach so viel Mühe war Sammys gute Laune doch weg. Nun war er verzweifelt, wovon ich schon am Anfang der Geschichte erzählt habe.

„Das ist doch gar nicht schlimm, eher sogar sehr gut!“, versicherte ihm die Häsin mit einem Lächeln. „Lieber ein Tag zu spät, als eine Minute zu früh. Du weißt doch, dass es kein Glück bringt, jemandem zu früh zu gratulieren. Und so habe ich sogar zwei Tage lang Geburtstag!“

Da wurde Sammy wieder wieder bei Laune und sie feierten schön.

Was genau sie feierten, war nicht so wichtig, Hauptsache zusammen. Dabei aßen sie den Kuchen und sangen das Kuchenlied:

Dein Geburtstag ist nicht heut,
aber was mich trotzdem freut:
Heute ist der Kuchentag,
der Tag, den ich so gerne mag.
Was tue ich ohne Kuchen nur?
Ich bin dem Kuchen auf der Spur.
Es riecht so gut, ich komme schon
und krieg die größte Portion!

Das beste Geschenk der Welt

ETWAS Geheimnisvolles geschieht im Boxwood-Haus.

Alle drehen sich um, wenn die Tür knarrt, und zucken zusammen. Sie reden leise und verstummen plötzlich, wenn die Dielen knacken. Sogar Papa Edmund Boxwood erstarrt, sobald draußen das Heulen des Windes ertönt.

Es liegen Papierfetzen, Schleifen, Streifen, Aufkleber, Klebebänder herum ...

Und das alles nur aus einem einzigen Grund: Mama hat Geburtstag.

Am Morgen ging sie in die Natur, um zu zeichnen. Mama Boxwood war eine Künstlerin. In der Zwischenzeit hatte der Rest der Familie beschlossen, sie mit etwas Besonderem zu überraschen.

Jedes der Kinder wollte ein ganz einzigartiges Geschenk vorbereiten.

Oliver kam aus irgendeinem Grund zu spät. Er klopfte an die Tür: KLOPF-KLOPF.

„Ich habe etwas ganz gaaanz Tolles mitgebracht!", rief er direkt von der Tür aus. Sein Schnurrbart sträubte sich stolz und seine Augen unter den buschigen Augenbrauen funkelten verschmitzt. „Ihr werdet sehen, mein Geschenk wird das beste der Welt sein!"

„Nichts dergleichen!" Emily wurde wütend. „Das Geschenk von mir wird das beste sein. Ich habe es mir schon ein ganzes Jahr lang ausgedacht."

„Nein me-e-eins!", schrie die kleine Violetta. „Denn ich liebe die Mami über aaaaaalles!"

Alle schmollten und gingen in ihre Ecken.

Oliver sammelte Stöcke ein und machte daraus einen sehr schönen Rahmen. Er war stolz auf sich! Für ein tolles Bild war dieser Rahmen genau richtig. Das Problem bestand jedoch darin, dass Oliver, obwohl er viele Talente besaß (er war zum Beispiel der Schnellste beim Süßigkeitenessen und schrieb wunderbare Gedichte), nicht zeichnen konnte. Aber wer schenkt denn einen leeren Rahmen? Oliver ließ seinen Schnurrbart hängen.

Emily war gerade dabei, ein wundervolles Blumenbild aus Trockenblumen zu basteln. Sie hatte die Blüten das ganze Jahr über gesammelt und getrocknet und musste sie nun nur noch in ein wunderschönes Gemälde verwandeln. Noch ein paar Tropfen Kleber und fertig wäre das Bild! Aber da stimmte etwas nicht. Das Papier war zu dünn und drohte, wegen so eines aufgeklebten Herbariums, zu zerreißen.

Happy Birthday Mama

„Nun, Mama wird sich wahrscheinlich aufregen, wenn das Geschenk gleich nach Erhalt auseinanderfällt!“, seufzte Emily.

Auch Violetta gab ihr Bestes, um das tollste Geschenk zu machen. Aber sie war noch klein und wusste nicht wirklich, wie man irgendwas besonders gut macht.

Doch war sie bereits eine Meisterin im Schleifenbinden! Papa hatte es ihr gezeigt. Er hatte einmal als Arzt auf einem Schiff gearbeitet und dort das Stricken eleganter Knoten und Schleifen gelernt. Sie streckte die Zunge heraus und arbeitete hart an der großen, wunderschönen Schleife. Bald war sie fertig. Aber es schien, dass keiner einfach so nur Schleifen schenkte. Normalerweise dekorierte man ein Geschenk damit. Violetta begann erneut zu schluchzen, hörte aber plötzlich auf.

„Ich weiß es!“, schrie sie, sodass Oliver sich sogar die Ohren zuhalten musste.

„Was ist dein bestes Geschenk der Welt? Komm schon, verrat es mir!“, sagte Violetta zu Oliver.

„Ich habe einen hübschen Rahmen. Nur ist er überhaupt nicht das beste Geschenk. So ohne Bild ist er langweilig.“

„Was ist mit dir, Emily?“

„Ich habe ein Gemälde mit den Lieblingsblumen von Mama, aber ich habe Angst, es zu verschenken. Es ist so zerbrechlich!“

Da schlug Violetta vor:

„Lasst uns unsere Geschenke zusammenstellen!“

„Genau!“, freute sich Emily. „Violetta, du bist ein Genie! So wird es nur besser. Schließlich ist ein Geburtstag kein Wettbewerb und Geschenke kein Staffellauf. Wir wollen damit nur unsere Liebe zeigen.“

„Und wenn wir all unsere Liebe bündeln, wird daraus eine riesige Liebe, ein Meer aus Liebe!“, jubelte Violetta, sprang auf und klatschte in die Pfoten.

Alle waren gut gelaunt und machten sich an die Arbeit. Bald war das beste Geschenk der Welt fertig.

Papa machte sich plötzlich sehr schnell zurecht, um irgendwo hinzugehen. Als er an der Haustür stand rief er Oliver zu:

„Oliver, warum sitzt du herum und tust nichts? Schau, deine ältere Schwester dekoriert bereits das Zimmer und sogar Violetta versucht, den Boden zu fegen, obwohl sie noch so klein ist. Kümmere dich bitte um die Torte und pass auf, dass Spot sie nicht auffrisst. Und decke den Tisch.“

Oliver schämte sich. Er breitete die Tischdecke aus, legte das Besteck auf den Tisch und begann, den Marienkäfer Spot genau zu überwachen. Spot schlief aber friedlich, zusammengerollt in seinem Weidenkorb, und schon bald wurde Oliver abgelenkt. Und natürlich war es die Torte, die ihn ablenkte.

Oliver versuchte, sich zusammenzureißen. Aber wie gern wollte er diese Torte probieren! Sie war irgendwie klein und ganz gewöhnlich. Wenn er sie nur ein wenig probieren würde, fiele es bestimmt niemandem auf, nicht wahr?

„Ich werde nur die Qualität prüfen. Schließlich ist Papa Arzt und kein Konditor. Was ist, wenn er statt Milch Hustensaft in den Teig gegossen hat?"

Also probierte Oliver ein wenig von der Torte. Ein wenig war doch viel zu wenig, um einen Geschmack zu beurteilen. Darum kostete er sie noch ein wenig. Und noch. Und noch. Gleichzeitig murmelte er sein neues Gedicht:

Das gute Eis wird niemals heiß,
ich esse das für keinen Preis.

Wenn die Karotte macht kein Knack,
dann ist es sicher Pastinak.
Denn der Geschmack der Pastinake,
wenn ich sie doch ein bisschen knacke,
ist eher so, wie eine Nuss
und schmeckt dazu sogar nicht süß.

Ich esse auch nicht gern Baguette,
das weiße Brot macht Hasen fett,
und krümelt überall im Bett,
das find ich überhaupt nicht nett.

Probiere lieber diese Torte.
O, njam! Da fehlen mir die Worte.

Bald kam Papa zurück und brachte Freunde mit.

Nun war es endlich soweit. Die Tür knarrte und öffnete sich, Victoria Rose kam herein. Als das Geburtstagskind eintrat, traute es seinen Augen nicht. „Überraschung!“, riefen alle laut.

„O, wie wunderbar! Meine Lieben, so etwas habe ich überhaupt nicht erwartet! “, rief Victoria Rose aus. „Und was ist das für eine Schönheit?“

Sie sah unter anderen Geschenken ein Bild aus ihren Lieblingsblumen in einem wunderschönen Holzrahmen und mit der prächtigsten Schleife gekrönt.

„So etwas habe ich noch nie bekommen. Das scheint das beste Geschenk der Welt zu sein! Danke, meine Lieben“. Sie umarmte und küsste ihre Kinder.

Und alle Gesichter leuchteten auf ... außer das von Oliver. Aus irgendeinem Grund war er immer noch traurig und schaute weg.

Bald kam der Höhepunkt des Feiertags: die Torte mit Kerzen und das Wünschen beim Kerzenauspusten.

„Und je-e-e-etzt: di-i-ie Torte-e-e!“, rief Papa.

„Warte!“, unterbrach ihn Oliver plötzlich. Er sprang auf und begann zu sprechen, oder vielmehr zu murmeln:

„Versteht ihr, ich habe die Torte so genau im Auge behalten, ich wollte sie nur überprüfen. Aber ich habe es übertrieben. Es scheint, als hätte ich sie aus Versehen ... aufgegessen.“

Es herrschte Stille im Raum.

Doch Vater Boxwood unterbrach sie schnell: „Es scheint, dass ich auch gestehen muss. Ich wollte nicht, dass Oliver einfach nur herumsitzt und habe ihm eine falsche Torte aus dem Laden hingestellt. Ich wusste, dass das Risiko einfach zu groß war. Die echte Geburtstagstorte hat Victorias beste Freundin Marilyn gebacken.“

Alle lachten, aber Mama fügte hinzu: „Gut, Oliver, dass du es zugegeben hast. Weißt du, es gibt einen Unterschied, ob du etwas geheim hältst, um eine Überraschung zu arrangieren, oder um die Wahrheit zu verheimlichen. Lasst uns immer ehrlich zueinander sein.“

Alle nickten zustimmend und begannen, die echte Geburtstagstorte genüsslich zu mampfen. Auch Oliver freute sich, denn auch er bekam ein Stück davon ab.

Die Geburtstagsüberraschung

DIE MAUS Molly Spitznase hat morgen Geburtstag. Geburtstage können ja ganz unterschiedlich sein: Es gibt große, mit vielen Freunden und viel Krach, aber auch kleine und gemütliche im engen Freundeskreis.

Molly konnte sich sehr lange nicht entscheiden, was sie eigentlich zu ihrem Geburtstag machen will. Eine große Party mit allen Freunden feiern? Oder einen Ausflug in eine fremde Stadt unternehmen? Oder etwas ganz anderes?

Sie versuchte, einen kleinen Abzählreim zu machen, riss die Blütenblätter mehrerer Blumen ab, befragte sogar ihre Karten! All das dauerte sehr, sehr lange.

Nun war der letzte Tag vor ihrem Geburtstag angebrochen.

„So mache ich es dieses Jahr: gemütlich und klein", entschied Molly endlich und lud nur ihre beste Freundin Ella Grey, die Maus, ein.

Molly wollte dennoch alles genau so machen, wie es bei einer Geburtstagsfeier sein muss.

Zuerst bereitete sie eine hübsche Einladung vor. Diese sollte aber ganz besonders sein. Dafür schnitt sie einen Schmetterling aus Papier aus, bemalte ihn und bestäubte ihn mit Glitzer.

Darauf schrieb sie:

Herzliche Einladung

Zu Ehren des Geburtstages
von Molly Spitznase
im Kannenhaus der Maus
morgen, 15 Uhr

Meine liebste Freundin Ella,
ich lade Dich zu einer Tasse Erdbeertee mit Blaubeermarmelade ein. Wir können das wunderbare Brettspiel „Maus, ärgere dich wohl" spielen, zusammen puzzeln und einen Spaziergang im Wald unternehmen. Dieses Jahr blühen alle Blumen auf einmal, Du wirst es lieben! Und das Wichtigste ist natürlich die Geburtstagstorte. Dieses Jahr gibt es unseren Lieblingskäsekuchen. Ich freue mich auf Dich!

Von ganzem Herzen
Deine Maus Molly Spitznase

„O, die Einladung ist wirklich schön geworden und ganz besonders! Die kann man von einem echten Schmetterling kaum unterscheiden!“, freute sich Molly und klatschte mit den Pfötchen. Sie übergab die Einladung einem Postvogel, damit sie ganz schnell ankäme.

Aber das Einzige, womit sie nicht gerechnet hatte, war der ausgelassene Sommerwind. Als der Postvogel die Einladung eingeworfen hatte und weggeflogen war, riss der Wind diese aus dem Briefkasten und trug sie weg in den Himmel.

Ella beobachtete ihn aus dem Fenster und dachte:

„Was für ein schöner Schmetterling! Wie er glitzert!“

Nur war das ja kein Schmetterling, sondern die Einladung! Oje, oje. Ella wusste also nichts von der Geburtstagsfeier und dem tollen Käsekuchen.

Währenddessen begann Molly, alles vorzubereiten. Und es gab sehr viel zu tun!

Obwohl nicht mehr viel Zeit blieb, musste sie alles richtig machen!

Zuerst putzte sie jede Ecke ihres Hauses, damit alles glänzte und funkelte. Da wurde es schon Abend, aber sie durfte nicht allzu lange schlafen. An ihrem Geburtstag musste sie ganz früh aufstehen. Dann schmückte sie das Wohnzimmer mit bunten Fahnen, schimmernden Girlanden und Pappmaché-Herzen, die sie selbst gebastelt hatte.

Endlich war es Zeit für den Kuchen. Sie legte Käseschnitten aus 20 verschiedenen Käsesorten übereinander. Dazwischen schmierte sie Käsecreme und baute so eine Käse-Pyramide. Dann bestrich sie alles mit Quarkteig und stellte den Kuchen kurz in den Ofen.

„Puh, bin ich müde!“ Molly senkte die Pfoten. „Ich ruhe mich ein wenig aus.“

Sie schloss die Augen und fiel sofort in einen tiefen Schlaf.

„DING!“, ertönte plötzlich ein lautes Klingeln und die Maus sprang auf. O nein, aus der Küche kam schwarzer Rauch und ein widerlicher Geruch! Sie eilte so schnell sie konnte dorthin und öffnete den Ofen. Doch der Kuchen war nicht mehr zu retten. Er lag wie ein Stück Kohle in der Mitte des Backblechs.

„O heilige Mausefalle, so viel Arbeit, so viel Mühe!“, klagte Molly und Tränen traten ihr in die Augen.

Ihre Freundin wird sich sicherlich auf den besonderen Geburtstagskäsekuchen freuen – das war das Wichtigste am ganzen Geburtstag! Und lagen dort nur die Kerzen, traurig und einsam auf dem Küchentisch.

Da klingelte es erneut, dieses Mal eindringlicher: DING-DILING, DING-DILING!

„Wer könnte das denn sein?", wunderte sich Ella. „Es ist doch noch nicht 15 Uhr, sondern erst um zwei."

Als sie die Tür öffnete, traute sie ihren Augen nicht: Ihre Freundin Ella Grey stand tatsächlich vor ihr!

Aber wir erinnern uns – ihre Einladung wurde vom Wind verweht und niemand hatte sie gelesen.

„Überraschung Molly! Alles Gute zum Geburtstag!", rief Ella.

„Ich freue mich! Wie schön, dass du kommst! Aber warum bist du eine Stunde zu früh hier?"

„Was, zu früh? Ich dachte, du feierst gar nicht und deshalb wollte ich dich einfach überraschen!"

„Wie, hast du keine Einladung bekommen?"

„Welche Einladung?" Ella war nun selbst überrascht.

Nachdem sie herausgefunden hatten, dass die Schmetterlingseinladung weggeflogen war, mussten sie lachen. Dann aber ließ Molly ihre Mundwinkel und Ohren herabhängen.

„Komm rein, Ella, ich freue mich sehr, dich zu sehen, aber es gibt absolut nichts, was ich dir zu essen anbieten kann! Der Kuchen ist verbrannt."

„Schwanz hoch, Molly! Wenn es das ist, was dich besorgt, will ich dir etwas zeigen. Schließlich habe ich ein Geschenk für dich vorbereitet, das dir bestimmt gefallen wird."

Molly öffnete ihr Päckchen und was kam zum Vorschein? Ihr Lieblingskäsekuchen!

Die Freude beider Mäuse kannte keine Grenzen. Sie hatten den ganzen Tag Spaß und am meisten abends, als sie mit einer Tasse Tee die leckere Käsetorte aus zwanzig Sorten Käse genüsslich verspeisten.

Rezepte zum Geburtstag

Für Dich

Schoko-Melonen am Stiel

Zutaten

5 Tafeln Zartbitterschokolade
1 Melone
Bunte Zuckerstreusel
12 Holzstiele

Zubereitung

1. Zwei 2 cm dicke Scheiben von der Melone abschneiden. Jede in 6 Dreiecke teilen. Wenn nötig, vorsichtig entkernen.

2. Die Schokoladentafeln in Stücke brechen und in einer Schale über einem Wasserbad zum Schmelzen bringen.

3. Mit einem Messer einen Schnitt in die Schale der Melonendreiecke schneiden und den Holzstiel in die Kerbe hineindrücken.

4. Die Melonendreiecke nacheinander in die geschmolzene Schokolade eintauchen. Dabei mit einem Löffel nachhelfen, damit das Ergebnis akkurater und gleichmäßiger wird.

5. Streusel außenherum darüber streuen.

6. Zum Abkühlen für 10 Minuten in den Kühlschrank stellen (für die knusprige Schoko) oder sofort genießen (für die weichere Schoko).

Einfache Schokotorte

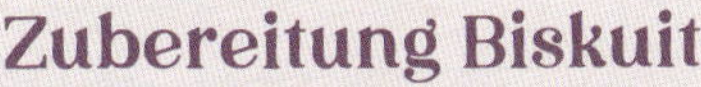

Zubereitung Biskuit

1. Den Backofen auf 180°C Umluft vorheizen.
2. In einer Schüssel Mehl, Natron, Kakao und Zucker vermischen.
3. Eier, zimmerwarme Butter, lauwarme Milch und Weinessig hinzufügen. Alles mit einem Mixer vermischen und in eine tiefe, mit Backpapier ausgelegte Backform geben.
4. Etwa 25 Minuten backen, bis der Biskuit fertig ist. Den fertigen Biskuit auskühlen lassen.

Zubereitung Creme

Alle Zutaten zusammenmischen.

Zubereitung Torte

Den Biskuit umdrehen, von dem Backpapier lösen, in vier Teile schneiden und die Creme zwischen den Biskuitteilen verteilen.
Etwa 2 Stunden im Kühlschrank stehen lassen.
Evtl. mit Schokoglasur übergießen.

Zutaten Biskuit

250 g Mehl
1,5 TL Natron
50 g Kakao
150 g Zucker
2 Eier
60 g Butter
300 ml Milch
1 EL Weinessig
1 Packung Vanillezucker
1 Prise Salz

Zutaten Creme

300 g Frischkäse
80 g Sauerrahm
3 EL Kakao
150 g gezuckerte Kondensmilch

Damit die Torte saftiger wird, kann man den Biskuit vorsichtig mit 2 EL Kirschsaft, Orangensaft oder Milch übergießen.

Feenbrot

Zutaten

Bunte Zuckerstreusel
Toastbrot
Butter

Zubereitung

1. Die Toastbrotscheibe auf niedriger Stufe toasten.
2. Die Scheibe auskühlen lassen und mit ausreichend Butter bestreichen.
3. Streusel aufstreuen, sodass die Oberfläche bedeckt ist. Leicht festdrücken.
4. Die Scheibe in zwei Dreiecke schneiden.

Anstatt Streusel kann man Marmelade nehmen. Anstatt Butter – auch Nusscreme oder Frischkäse, aber dann doch mit Streusel bestreuen und nicht mit Marmelade bestreichen.

Streusel können unterschiedlich auf das Brot gestreut werden. Zum Beispiel nur die Schokostreusel oder nach Regenbogenmuster oder nach Farbe oder einfach nur bunt.

Saftiger Feuchtkuchen

Zutaten

160 g Mehl
180 g Zucker
3 EL Kakao
2 Eier
100 ml Pflanzenöl
1 TL Backpulver
2 TL Vanillezucker
250 ml Milch

Zubereitung

1. Den Backofen auf 180°C vorheizen. Eier, Zucker und Vanillezucker mit einem Schneebesen schaumig schlagen.

2. Pflanzenöl hinzufügen und gut vermischen.

3. Die Milch einfüllen und nochmals gut verrühren. Die Hälfte der Mischung in ein Glas gießen und beiseite stellen.

4. Kakao in die restliche Mischung vorsichtig einmischen.

5. Mehl und Backpulver hinzufügen und den Teig einrühren.

6. Den Teig in eine Muffinform (am besten Silikon) geben und für 30-40 Minuten in den vorgeheizten Backofen stellen.

7. Den fertigen Kuchen aus dem Ofen nehmen, oben leicht einschneiden, die restliche Masse darüber gießen und 20 Minuten ruhen lassen bis der Kuchen gut durchnässt ist.

8. Mit Erdbeereis und frischen Erdbeeren servieren.

Glückskekse

Zutaten

50 ml Sahne
1 Eiweiß
60 g Puderzucker
60 g Mehl
1 Prise Salz
1 Prise Vanillemark
3 Lebensmittelfarben

Die Kekse sind sehr heiß, wenn man sie faltet. Also Bäckerhandschuhe sind empfehlenswert. Am besten nicht mehr als 3-4 Kekse auf einmal backen.

Zubereitung

1. Botschaften auf kleine Zettel (ca. 0,6 cm hoch und 6 cm lang) schreiben, ausschneiden und klein knicken. Man kann stattdessen auch hübsche kleine Bilder nehmen und klein falten.
2. 6-8 cm große Kreise auf ein Backpapier zeichnen. Dafür kann man einfach ein Glas umdrehen und den Umriss nachzeichnen.
3. Den Backofen auf 170°C Umluft vorheizen.
4. Alle Zutaten, außer der Farbe, zu einem glatten Teig verrühren.
5. Den Teig in drei Teile teilen und jeden mit den jeweiligen Lebensmittelfarben einfärben.
6. Backpapier umdrehen und auf ein Blech legen. Je einen gehäuften TL Teig auf das Backpapier geben und glatt streichen. Die darauf gezeichnete Kreise dienen zur Orientierung.

7. Das Backblech in die Mitte des Ofens schieben und die Kekse ca. 6 Minuten backen lassen.

8. Die Backofentür öffnen und einen Keks vorsichtig herausnehmen. Die anderen Kekse bei geöffneter Backofentür drin lassen.

9. Eine Botschaft auf den runden Keks legen. Den Keks in der Mitte zu einem Halbkreis umklappen, leicht andrücken. Vorsicht: nicht knicken. Die Zipfel zueinander ziehen.

10. Die anderen Kekse ebenfalls auf diese Weise nacheinander verarbeiten. Es muss zügig gearbeitet werden, denn die Kekse werden schnell brüchig.

11. Die fertigen Kekse in kleine Tassen legen, damit sie sich nicht aufrollen. Trocknen lassen.

Die fertigen bunten Kekse können zur Hälfte in geschmolzene Schokolade getaucht werden. Wenn die Schokolade noch nicht ausgehärtet ist, können auch Zuckerstreusel oder Kokosraspeln darauf gestreut werden.

Cocktail „Frische Frische“

Zutaten

Zwei Scheiben Wassermelone,
klein gewürfelt
Zwei Scheiben Wassermelone
für den Saft
0,5 Limette
Eis
Sirup oder Honig 0,5 TL
pro Glas
Mineralwasser
Minze

Zubereitung

1. Wassermelone schälen und in Würfel schneiden. Entkernen und in eine Schüssel geben.
2. Honig hinzufügen (er kann durch Puderzucker oder Zuckersirup ersetzt werden). Ein paar Blätter Minze hinzufügen. Mit einem Stabmixer pürieren.
3. Das Sprudelwasser und den Limettensaft hinzufügen und umrühren.
4. Die entstandene Masse durch ein Sieb passieren.
5. Wassermelonenstücke hinzugeben bis das Glas halb voll ist.
6. Mit Minze garnieren.

Glitzercocktail mit Marshmallows

Zutaten

50 ml Milch
40 g weiße Schokolade
1 TL Erdbeerzucker
(oder 1 Tropfen Lebensmittelfarbe
und 0,5 Vanillezucker)
Mini-Marshmallows
Essbarer Glitzer

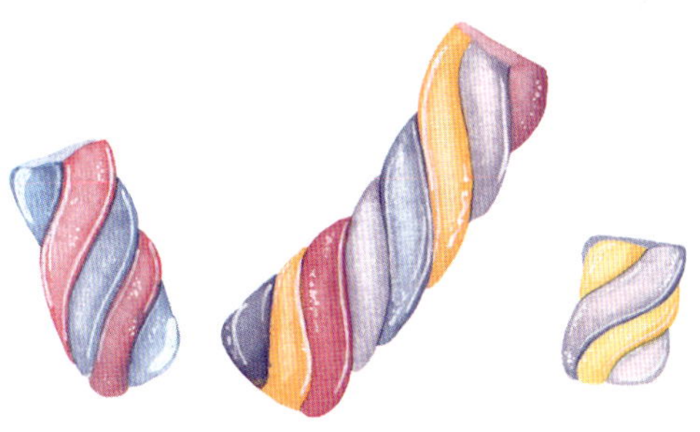

Zubereitung

1. Schokolade und Zucker in heißer Milch schmelzen.
2. Farbstoff hinzufügen.
3. Glitzer einrühren.
4. Mit Marshmallows und etwas Glitzer bestreuen.

Kinderleichtes Tiramisu

Zutaten Biskuit

200 g Löffelbiskuits
Marzipan-Trinkschokolade
(350 ml Milch,
50 g Trinkschokolade)
3 EL Backkakao-Pulver

Zutaten Creme

200 ml Sahne
250 g Mascarpone
0,5 TL Vanillezucker
1,5 EL Puderzucker
1 EL Orangenschale

Die Süße kann man nach Belieben ändern – entweder mit mehr oder mit weniger Puderzucker.

Zubereitung Creme

1. Sahne aufschlagen, bis sie fest wird.
2. Mascarpone mit Puderzucker und Vanillezucker cremig zusammenrühren.
3. Sahne in die entstandene Creme vorsichtig einrühren.

Zubereitung Biskuit

1. Trinkschokolade in Milch anrühren.
2. Löffelbiskuits nacheinander in den Kakao eintauchen. Darin für etwa 5 Sekunden ziehen lassen. Die getränkten Biskuits auf dem Boden einer Auflaufform als Schicht auslegen.
3. Darauf die Hälfte der Creme als Schicht verteilen. Dann eine weitere Schicht getränkte Biskuits. Zum Abschluss die restliche Creme.
4. Mit Backkakao-Pulver bestreuen.
5. Für mindestens 3 Stunden in den Kühlschrank stellen.

Himbeerdessert

Zutaten

150 ml Sahne
200 g Quark
2 EL Vanillezucker
1 TL Zitronensaft
100 g Blaubeeren
200 g gefrorene Himbeeren
30 g Puderzucker
200 g Butterwaffeln

Zubereitung

1. Sahne aufschlagen, bis sie fest wird.
2. Quark, Vanillezucker und Puderzucker vermengen. Die Sahne unterheben.
3. In einer anderen Schüssel die gefrorenen Himbeeren und Zitronensaft mit dem Stabmixer in eine fluffige Masse verwandeln.
4. Die Butterwaffeln in kleine Stücke brechen.
5. Gläser füllen: 1/3 Waffeln, 1/3 Quarkmasse, 1/3 Beerenmasse. Mit frischen Blaubeeren garnieren und kurz in den Kühlschrank zum Auskühlen stellen.

Bastelei

Knopfrahmen

Ein Geschenk mit viel Liebe für die beste Freundin oder den besten Freund zum Geburtstag? Sehr einfach!

Materialien

1 Holzbilderrahmen, Größe 10 × 15 cm
80 bis 100 Knöpfe in unterschiedlichen Größen und Farben
Klebstoff (Silikonkleber zum Basteln oder Heißklebepistole für Kinder)
1 Foto

Anleitung

1. Ein schickes Foto von euch beiden machen.
2. Die Knöpfe raussuchen.
3. Auf die Vorderseite des Rahmens Knopf für Knopf aufkleben. Große Exemplare können etwas über den Rand stehen.
4. Trocknen lassen.
5. Foto einrahmen.

Nur bitte nicht im Kleiderschrank rumhuschen und irgendwelche Knöpfe abschneiden. Die braucht man doch noch, damit die Sachen zugehen!

Fröhliche Glitzerseife

Anleitung

1. Die Rohseife in kleinere Stücke schneiden, in eine Schüssel geben und im Wasserbad oder in der Mikrowelle schmelzen.
2. Seifenduftöl unterrühren.
3. Die Füllung für jede Seife ausdenken und die Formen unterschiedlich damit füllen (Glitzer, Streusel-Sterne, Blüten oder nach Farbe).
4. Die flüssige Seife in die Silikonformen gießen. Für die Glitzerseife: Mit dem trockenen Pinsel die Silikonformen innen mit dem Glitzerpuder auspinseln, die Seife hineingießen und mit Glitzerpuder bestreuen.
5. Evtl. ein paar Tropfen Seifenfarbe dazugeben und gleich in der Form mit einem Holzstäbchen zusammenmischen.
6. Die Seife trocknen lassen. Aus der Form rausnehmen.
7. Schön in das Geschenkpapier einpacken und mit einer Schleife zubinden.
8. Händewaschen macht ab nun immer Freude!

Materialien

Durchsichtige Glycerin-Rohseife
Zuckerstreusel
(in verschiedenen
Formen und Farben)
Essbares Glitzerpuder
oder Glitzerzucker
Getrocknete Blütenblätter
Silikonformen
Seifenduftöl
evtl. Seifenfarbe
Geschenkpapier
Schleife

Geburtstagskarte mit Kerzen

Materialien

Tonkarton A5
Buntes Papier
Klebestift
Stifte in Gold und Silber
(Filzstifte oder Gelstifte)
Schere
Glitzerkleberstifte
in verschiedenen Farben

Anleitung

1. Den Karton quer legen. Das ist die Karte.
2. Die Rechtecke in unterschiedlichen Längen auf verschiedenen Papiersorten zeichnen und ausschneiden. Das sind die Kerzen.
So viele Kerzen ausschneiden, wie das Geburtstagskind alt wird.
3. Die Kerzen an dem unteren Rand der Karte aufkleben. Vorsicht: Oben auf der Karte soll noch Platz für den Geburtstagswunsch bleiben!
4. Über jede Kerze noch einen Strich für den Docht und eine Flamme mit Gold- und Silberstiften malen.
5. „Alles Gute zum Geburtstag“ oder etwas anderes schreiben.
6. Bunte Punkte mit den Glitzerkleberstiften drumherum setzen. Trocknen lassen.

Am besten Papier unterschiedlicher Sorten nehmen, zum Beispiel mehrfarbiges Papier, dekoratives Samtpapier, gemustertes Papier.

Blumen-Einladungen

Anleitung

1. Die Schablone herstellen. Das sollen drei Kreise sein. Dafür kann man Gläser unterschiedlicher Größe einkreisen. Der größte Kreis ist eintönig, der mittlere bunt, der kleinste wieder eintönig und beschreibbar.

2. Den größten Kreis mit der Wellenschere ausschneiden, die anderen zwei mit der normalen Schere.

3. Auf den größten Kreis einen Eisstiel kleben. Darauf mittig den bunten gemusterten Kreis kleben.

4. Auf den kleinen Kreis den Einladungstext schreiben. Mittig auf die anderen kleben.

5. Eine Schleife um den Stiel an der Blume binden.

6. Das untere Ende des Stiels mit einem Glitzerstein verzieren.

Materialien

Tonkarton bunt, gemustert
Tonkarton, eintönig, beschreibbar
Klebestift
Bunte Schleifen
Schere
Musterschere
(Welle)
Eisstiele
Glitzer-Klebesteine
Stift

Ballonmaus

Materialien

Figurenballons
kleine Ballonpumpe
Filzstift
Evtl. Wackelaugen

Die Richtung aller Drehungen sollte gleich sein, dadurch wird die Figur haltbarer.

Anleitung

1. Den Ballon mit den Händen erwärmen und ein wenig dehnen.
2. Den Ballon etwa zur Hälfte aufblasen und mit einem festen Knoten zusammenbinden.
3. Am Knoten beginnen. Die erste Luftkammer abdrücken und drei Mal drehen. Das ist der Kopf. Den Kopf dabei festhalten, sodass er sich nicht wieder zurückdreht.
4. Noch zwei Luftkammern abdrücken und drei Mal drehen. Dann diese zwei zusammendrehen. Dann entsteht das erste Ohr.
5. Noch zwei Luftkammern abdrücken und drei Mal drehen. Dann ebenfalls wie im Schritt 4 zusammendrehen. Das ist das zweite Ohr.
Zurück bleiben nur noch Körper und Schwanz.
6. Das Gesicht und die Pfoten auf den Ballon zeichnen. Eventuell Wackelaugen aufkleben.

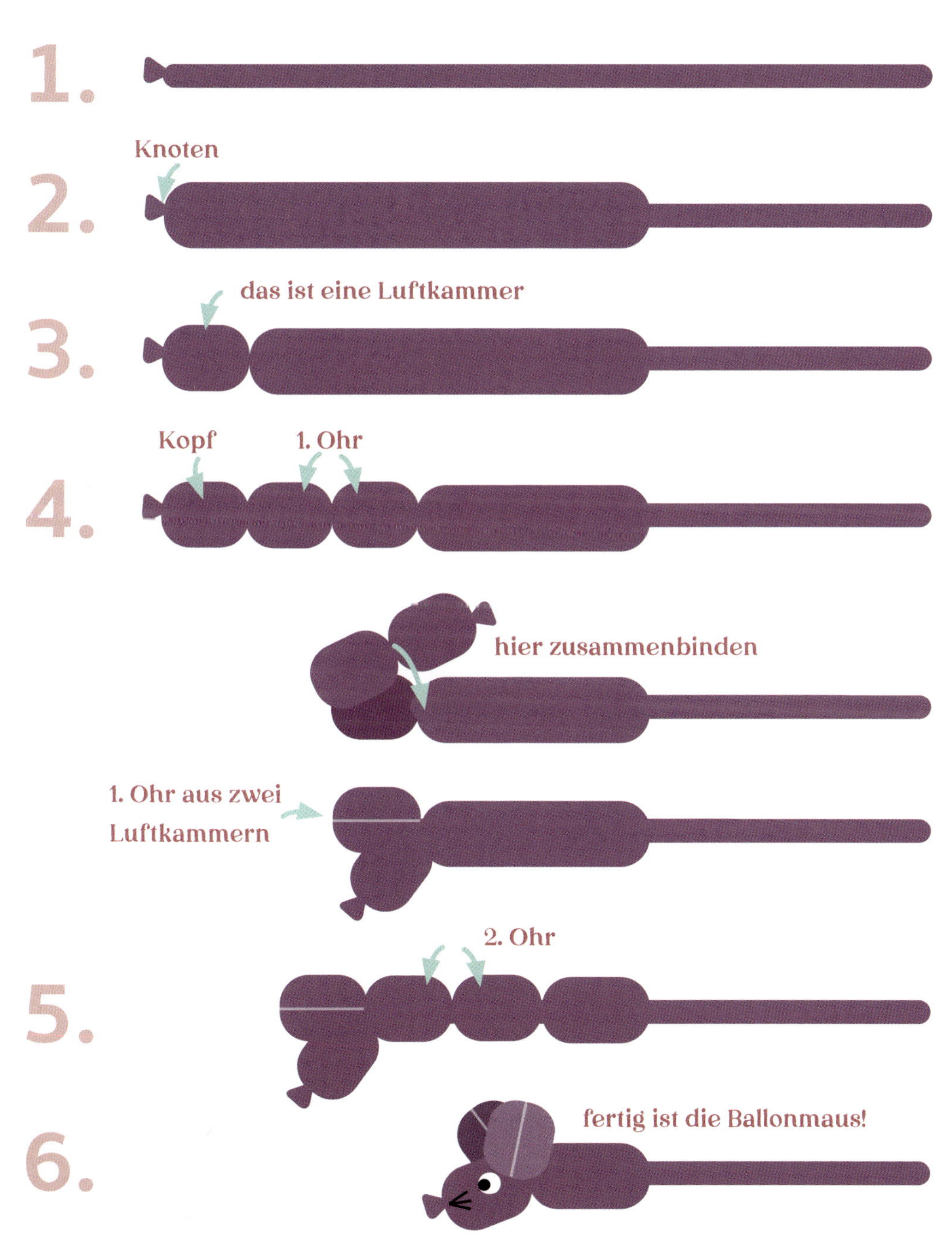
1.
Knoten
2.
das ist eine Luftkammer
3.
Kopf
1. Ohr
4.
hier zusammenbinden
1. Ohr aus zwei Luftkammern
2. Ohr
5.
fertig ist die Ballonmaus!
6.

Tierische Verpackung

Materialien

Ein Geschenk in einer Schachtel
oder einem kleinen Karton
Einfarbige neutrale
Geschenkverpackung
Tonkarton in einer anderen Farbe
oder in Weiß
Filzstift
Schere
Klebestift

Anleitung

1. Das Geschenk mit einem Geschenkpapier oder Packpapier einpacken.
2. Die Körperteile auf der Tonpappe vorzeichnen und ausschneiden: zwei Augen, zwei Ohren, eine Schnauze, vier Beine, einen Schwanz.
3. Mit dem Filzstift das Ohreninnere, die Augen, die Nase, den Mund und die Pfoten aufzeichnen.
4. Die ausgeschnittenen Teile dem Tier entsprechend auf die Geschenkschachtel aufkleben.

LIEFE
RUNG

Geburtstagsspiele

Lernt für das Geburtstagskind ein Gedicht oder ein Lied.
Oder das Geburtstagskind kann als Danksagung ein Lied für die Gäste vorbereiten und vorsingen.

Pantomime

Verschiedene Begriffe auf mehrere Zettel schreiben und in einen Hut legen.
Diese Worte müssen später als Pantomime gezeigt werden.
Die Teilnehmer teilen sich in zwei Teams auf.
Die Zettel werden nacheinander gezogen und nur mit Bewegungen und ohne Worte erklärt.
Für jeden erratenen Begriff gibt es einen Punkt für das Team, welches dieses Wort erraten hat.
Das Team mit den meisten Punkten gewinnt.

Art: Bewegung, Rätsel
Mitspieler: ab 3
Material: Zettel, Stift, Hut

Topfschlagen

Es wird ein umgedrehter Topf aufgestellt, unter dem sich ein Geschenk befindet. Dem Teilnehmer werden die Augen verbunden und er erhält einen Holzlöffel in die Hand. Er wird im Kreis gedreht, um die Orientierung zu verlieren. Nun muss er im Krabbelgang versuchen, durch das Schlagen mit dem Löffel den Topf zu finden.
Die anderen Mitspieler helfen ihm mit Rufen „heiß“ und „kalt“. Wenn alle Gäste teilnehmen, kann man mit diesem lustigen Spiel Dankesgeschenke an alle verteilen.

Art: Bewegung
Mitspieler: ab 2
Material: Topf, Holzlöffel, Tuch oder Schal, kleine Geschenke

Happy Birthday

Art: Singen
Mitspieler: ab 2
Material: Tierfiguren, Hut

Das bekannte Happy Birthday-Lied singen, aber in verschiedenen Tiersprachen. Zuerst Tierfiguren finden, in einen Hut legen. Die Teilnehmer ziehen die Figuren heraus. Das gezogene Tier bestimmt die Tierlaute, mit denen das Lied gesungen werden muss. Am Ende singen nochmals alle zusammen, dabei nutzt jeder die eigene Tiersprache. Das wird laut!

Stille Post

Art: Spaß
Mitspieler: ab 4

Alle setzen sich in eine Reihe oder in einen Kreis. Der Erste überlegt sich einen kurzen Satz, den er seinem Sitznachbarn ins Ohr flüstert. Dieser sagt es wieder an seinen Nachbarn weiter. So geht es reihum, bis der Satz beim Letzten angekommen ist. Dieser spricht den Satz laut aus. Das klingt bestimmt lustig!

Arme Kirchenmaus

Art: Spaß
Mitspieler: ab 3

Ein Teilnehmer wird zur Maus ernannt. Er krabbelt über den Boden und macht der Reihe nach vor den anderen Teilnehmern halt. Jeder Teilnehmer streichelt die Maus und sagt dabei voller Bedauern: „Arme Kirchenmaus!“ Lachen ist hierbei verboten. Die Maus versucht hingegen, die anderen zum Lachen zu animieren. Man darf lustige Grimassen machen oder witzige Bewegungen. Wer lacht, wird zu der nächsten Kirchenmaus.

Spiele für draussen

Blinde Kuh

Das Spielfeld darf nicht zu groß sein. Einem Teilnehmer werden mit dem Tuch die Augen verbunden. Der ist nun die blinde Kuh. Diese muss versuchen, die anderen Teilnehmer zu fangen. Wer gefangen wird, wird zur neuen blinden Kuh.

Art: Bewegung
Mitspieler: ab 2
Material: Tuch

Dreibein

Alle werden in zwei Teams geteilt, die gegeneinander antreten. Zwei Teilnehmer jeder Gruppe stellen sich nebeneinander auf. Der Spielleiter bindet das linke Bein des Teilnehmers mit dem rechten Bein des zweiten zusammen – bei beiden Teams. Das ist nun das Dreibein. Das Dreibein humpelt einen bestimmten Weg ab.

Art: Bewegung
Mitspieler: ab 2
Material: Stoff zum Beineanbinden, etwas um Parcours herzustellen, zum Beispiel Kegel.

Schnipseljagd

Es wird eine Route mit fünf Stationen geplant. An jeder Station werden Rätsel (Wort- oder Bildrätsel, Fragen, Aufgaben, Aktivitäten) versteckt. Das sind Schnipsel. Sie müssen unbedingt verschlüsselte Hinweise auf den weiteren Weg geben.
Als Ziel könnte der Tisch mit der Geburtstagstorte genannt werden oder ein Ort mit kleinen Geschenken für alle.

Art: gemischt
Mitspieler: ab 1
Material: Verstecke, 5 Schnipsel

Art: Hüpfkastenspiel
Mitspieler: ab 2
Material: Kreide, Stein

Ein Geburtstagskalender ist wichtig. So vergisst man nicht, wer wann Geburtstag hat. Damit es einem nicht so, wie dem kleinen Mäuserich ergeht. Zuerst trägt man den eigenen Geburtstag ein, dann die Geburtstage der Familienmitglieder, dann die von Freunden und Verwandten.

Himmel und Hölle

Den Hüpfkasten entsprechend der Abbildung auf eine freie beschreibbare Fläche aufzeichnen. Der erste Spieler beginnt. Er stellt sich auf das Feld **ERDE**. Von dort aus wirft er einen flachen Stein in das erste Feld. Trifft er, darf er loshüpfen. Verfehlt er den vorgeschriebenen Kasten, ist der nächste Spieler an der Reihe.

Und so wird gehüpft:
Man wirft den Stein auf das Feld **1** und hüpft los, von der **ERDE** aus zum **HIMMEL**. Das Feld **1**, in dem der Stein liegt, wird übersprungen. Die Doppelkästchen **4-5** und **7-8** werden mit einem Grätschsprung zurückgelegt. Die **HÖLLE** wird übersprungen. Auf dem Rückweg zur **ERDE** wird der Stein aufgehoben. Aber das Feld **1**, wo der Stein lag, wird wieder übersprungen. Man landet auf der **ERDE**.
Nun wirft der Spieler den Stein erneut. Dieses Mal auf das Feld **2**.
Usw.
So bleibt der Spieler an der Reihe, bis er falsch wirft oder falsch springt.
Er merkt sich seine Zahl, bei der er ausgeschieden ist. Wenn er wieder dran ist, fängt er dort weiter an zu springen.
Beim nächsten Spieler beginnt das Spiel wieder bei **1**.

HIMMEL
HÖLLE
9
7
8
6
4
5
3
2
1
ERDE

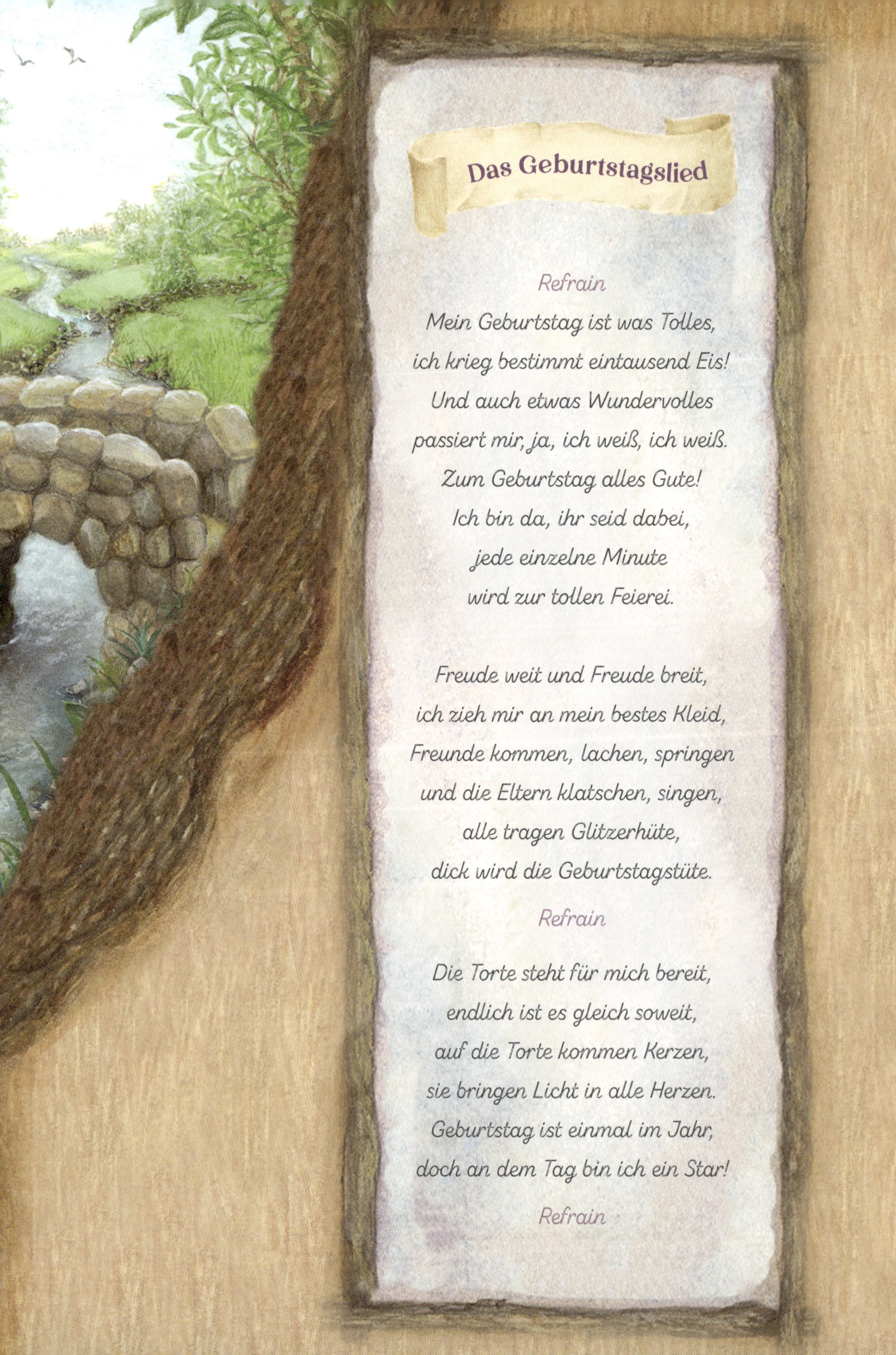

Das Geburtstagslied

Refrain
Mein Geburtstag ist was Tolles,
ich krieg bestimmt eintausend Eis!
Und auch etwas Wundervolles
passiert mir, ja, ich weiß, ich weiß.
Zum Geburtstag alles Gute!
Ich bin da, ihr seid dabei,
jede einzelne Minute
wird zur tollen Feierei.

Freude weit und Freude breit,
ich zieh mir an mein bestes Kleid,
Freunde kommen, lachen, springen
und die Eltern klatschen, singen,
alle tragen Glitzerhüte,
dick wird die Geburtstagstüte.

Refrain

Die Torte steht für mich bereit,
endlich ist es gleich soweit,
auf die Torte kommen Kerzen,
sie bringen Licht in alle Herzen.
Geburtstag ist einmal im Jahr,
doch an dem Tag bin ich ein Star!

Refrain

zum Geburtstag

Bilder von **Susan Wheeler**

Texte von **Marianna Korsh**
Das Gedicht "Feenbrot" auf der Seite 19
von R. L. Stevenson in der Übersetzung von M. Korsh

Zusatz-Illustrationen
aus Stock-Illustrationensammlungen.

Nach einer Idee von Marianna Korsh
Lektorat: Ilka Sommer
Korrektorat: Hannah Koinig
Design, Satz und Layout: Marianna Korsh

Gedruckt in der EU
ISBN 978-3-96372-252-3

SW